中国铁建股份有限公司企业标准

中低速磁浮交通试运营基本条件

Basic Condition for Trial Operation of Medium and Low Speed Maglev Transit

Q/CRCC 32807—2019

主编单位：中铁磁浮交通投资建设有限公司
批准单位：中国铁建股份有限公司
施行日期：2020 年 5 月 1 日

人民交通出版社股份有限公司
2019·北京

图书在版编目（CIP）数据

中低速磁浮交通试运营基本条件/中铁磁浮交通投资建设有限公司主编．—北京：人民交通出版社股份有限公司，2019.12

ISBN 978-7-114-15934-3

Ⅰ.①中… Ⅱ.①中… Ⅲ.①磁浮铁路—运营管理—研究—中国 Ⅳ.①F532.3

中国版本图书馆 CIP 数据核字（2019）第 249664 号

标准类型：中国铁建股份有限公司企业标准
标准名称：中低速磁浮交通试运营基本条件
标准编号：Q/CRCC 32807—2019
主编单位：中铁磁浮交通投资建设有限公司
责任编辑：曲　乐　张博嘉
责任校对：张　贺　宋佳时
责任印制：张　凯
出版发行：人民交通出版社股份有限公司
地　　址：（100011）北京市朝阳区安定门外外馆斜街 3 号
网　　址：http://www.ccpress.com.cn
销售电话：（010）59757973
总 经 销：人民交通出版社股份有限公司发行部
经　　销：各地新华书店
印　　刷：北京印匠彩色印刷有限公司
开　　本：880×1230　1/16
印　　张：2.75
字　　数：46 千
版　　次：2019 年 12 月　第 1 版
印　　次：2019 年 12 月　第 1 次印刷
书　　号：ISBN 978-7-114-15934-3
定　　价：22.00 元

（有印刷、装订质量问题的图书由本公司负责调换）

序 一

2016年5月6日，由中国铁建独家承建的我国首条中低速磁浮商业运营线——长沙磁浮快线开通试运营。长沙磁浮快线是世界上最长的中低速磁浮线，是我国磁浮技术工程化、产业化的重大自主创新项目，荣获我国土木工程领域工程建设项目科技创新的最高荣誉——中国土木工程詹天佑奖。长沙磁浮快线是中国铁建独创性采用"投融资+设计施工总承包+采购+研发+制造+联调联试+运营维护+后续综合开发"模式的建设项目，其建成标志着我国在中低速磁浮工程化应用领域走在了世界前列，也标志着中国铁建成为中低速磁浮交通的领跑者和代言人。

我国已进入全面建成小康社会的决定性阶段，正处于城镇化深入发展的关键时期，亟待解决经济发展、城市交通、能源资源和生态环境等问题，而中低速磁浮交通具有振动噪声小、爬坡能力强、转弯半径小等优势，业已成为市内中低运量轨道交通、市郊线路和机场线、旅游专线等的有力竞争者。以中低速磁浮交通为代表的新型轨道交通是中国铁建战略规划"7+1"产业构成中新兴产业、新兴业务重点布局新兴领域之一，也是中国铁建产业转型升级、打造"品质铁建"、实现高质量发展的切入点之一。2018年4月，中国铁建开展了中低速磁浮标准体系建设工作，该体系由15项技术标准组成，包括1项基础标准、9项通用标准和5项专用标准，涵盖勘察、测量、设计、施工、验收、运营和维护全过程、全领域；系列标准立足总结经验、标准先行、补齐短板、填补空白，立足系统完备、科学规范、国内一流、国际领先，立足推进磁浮交通技术升级、交通产业发展升级和人民生活品质提升。中低速磁浮系列标准的出版，必将为中国铁建新型轨道交通发展提供科技支撑力并提升中国铁建核心竞争力。

希望系统内各单位以中低速磁浮系列标准出版为契机，进一步提升新兴领域开拓战略高度，强化新兴业务专有技术培育，加快新兴产业标准体系建设，以为政府和业主提供综合集成服务方案为抓手，以"旅游规划、基础配套、产业开发、交通工程勘察设计、投融资、建设、运营"一体化为指导，全面推动磁浮、单轨、智轨等新型轨道交通发展，为打造"品质铁建"做出新的更大贡献！

董事长： 总裁：

中国铁建股份有限公司
2019年12月

序　二

建设更安全可靠、更节能环保、更快捷舒适的轨道交通运输系统，一直都是人类追求的理想和目标。为此，我国自 20 世纪 80 年代以来积极倡导、投入开展中低速常导磁浮列车技术的研究。通过对国外先进技术的引进、消化、吸收以及自主创新，利用高校、科研院所及设计院等企业的协调合作，我国逐步研发了各种常导磁浮试验模型车，建设了多条厂内磁浮列车试验线，实现了载人运行试验，标志着我国在中低速常导磁浮列车领域的研究已跨入世界先进国家的行列，并从基础性技术研究迈向磁浮产业化。

国内首条中低速磁浮商业运营线——长沙磁浮快线于 2014 年 5 月开建，开启了国内中低速磁浮交通系统从试验研究到工程化、产业化的首次尝试，实现了国内自主设计、自主制造、自主施工、自主管理的中低速磁浮商业运营线零的突破。建成通车时，我倍感欣慰，不仅是因为我的团队参与了建设，做出了贡献，更因为中低速磁浮交通走进了大众的生活，让市民感受到了磁浮的魅力，让国人的磁浮梦扬帆起航。

在我国磁浮技术快速发展的基础上，中国工程院持续支持了中低速磁浮、高速磁浮、超高速磁浮发展与战略研究三个重点咨询课题。三个课题详细总结了我国磁浮交通的发展现状、发展背景，给出了我国磁浮交通的发展优势、发展路径、发展战略等建议。同时，四年前，在我国已掌握了中低速磁浮交通的核心技术、特殊技术、试验验证技术和系统集成技术，并且具备了磁浮列车系统集成、轨道制造、牵引与供电系统装备制造、通信信号系统装备制造和工程建设的能力的大背景下，我联合多名中国科学院院士、中国工程院院士、大学教授署名了一份《关于加快中低速磁浮交通推广应用的建议》，希望中低速磁浮交通上升为国家战略新兴产业。

两年前，国内首条旅游专线——清远磁浮旅游专线获批开建，再次推动了中低速磁浮交通的产业化发展，拓展了其在旅游交通领域的应用。

现在，我欣慰地看到，第一批中国铁建中低速磁浮工程建设企业标准已完成编制，内容涵盖了工程勘察、设计、施工、验收建设全过程以及试运营、运营、检修维护全领域，结构合理、内容完整，体现了中低速磁浮交通标准体系的系统性和完整性，体现更严、更深、更细的企业技术标准要求。一系列标准的发布，凝聚了众多磁浮人的智慧结晶，对推动我国中低速磁浮交通事业的发展、实现"交通强国"具有重要的意义。

磁浮交通一直在路上、在奔跑，具有绿色环保、安全性高、舒适性好、爬坡能力强、转弯半径小、建设成本低、运营维护成本低等优点，拥有完全自主知识产权的中低速磁浮交通也是未来绿色轨道交通的重要形式。磁浮人应以国际化为目标，以产业化为支撑，以市场化为指导，以工程化为载体，实现我国磁浮技术的发展和应用。

作为磁浮交通科研工作者中的一员，我始终坚信磁浮交通有着广阔的发展前景，也必将成为我国轨道交通事业的"国家新名片"。

中国工程院院士：

2019 年 11 月

中国铁建股份有限公司文件

中国铁建科技〔2019〕165 号

关于发布《中低速磁浮交通术语标准》等 15 项中国铁建企业技术标准的通知

各区域总部，所属各单位：

现批准发布《中低速磁浮交通术语标准》（Q/CRCC 31801—2019）、《中低速磁浮交通岩土工程勘察规范》（Q/CRCC 32801—2019）、《中低速磁浮交通工程测量规范》（Q/CRCC 32802—2019）、《中低速磁浮交通设计规范》（Q/CRCC 32803—2019）、《中低速磁浮交通信号系统技术规范》（Q/CRCC 33802—2019）、《中低速磁浮交通供电系统技术规范》（Q/CRCC 33803—2019）、《中低速磁浮交通接触轨系统技术标准》（Q/CRCC 33805—2019）、《中低速磁浮交通车辆基地设计规范》（Q/CRCC 33806—2019）、《中低速磁浮交通土建工程施工技术规范》（Q/CRCC 32804—2019）、《中低速磁浮交通机电工程施工技术规范》（Q/CRCC 32805—2019）、《中低速磁浮交通工程施工质量验收标准》（Q/CRCC 32806—2019）、《中低速磁浮交通试运营基本条件》（Q/CRCC 32807—2019）、《中低速磁浮交通车辆检修规程》（Q/CRCC 33804—2019）、《中低速磁浮交通运营管理规范》（Q/CRCC 32809—2019）和《中低速磁浮交通维护规范》（Q/CRCC 32808—2019），自 2020 年 5 月 1 日起实施。

15 项标准由人民交通出版社股份有限公司出版发行。

中国铁建股份有限公司
2019 年 11 月 18 日

中国铁建股份有限公司办公厅　　　　　　　　2019 年 11 月 18 日印发

前 言

本标准按照《标准化工作导则 第 1 部分：标准的结构和编写》（GB/T 1.1—2009）和《标准编写规则 第 6 部分：规程标准》（GB/T 20001.6—2017）起草。

本标准由中铁磁浮交通投资建设有限公司提出并归口。

本标准根据中国铁建股份有限公司《关于下达中国铁建中低速磁浮工程建设标准编制计划的通知》（中国铁建科设〔2018〕53 号）的要求，由中铁磁浮交通投资建设有限公司会同有关单位编制完成。

本标准由中国铁建股份有限公司科技创新部负责管理，由中铁磁浮交通投资建设有限公司负责具体技术内容的解释。

主编单位：中铁磁浮交通投资建设有限公司
参编单位：中铁第四勘察设计院集团有限公司
中铁第五勘察设计院集团有限公司
中铁十一局集团有限公司
中铁十八局集团有限公司
中铁二十三局集团有限公司
中国铁建电气化局集团有限公司
中国铁建重工集团有限公司
清远磁浮交通有限公司
主要起草人员：谢海林 鄢巨平 张家炳 别碧勇 宗凌霄 李伟强 张宝华
刘畅 金陵生 边涛 蔡俊 刘红旺 黎劲劲 刘高坤
温晓慧 郑雅聪 丁浩 胡朋志 余鹏成 罗涛 周文
唐达昆 李庆斌

主要审查人员：赵红伟 潘百舸 黄海涛 史小俊 李庆民 王长庚 孙伟东
王永刚 赵疆昀 吴龙飞 杨小球 梁世宽 张记清 李锐爽

目　次

1 范围 …………………………………………………………………………………… 1
2 规范性引用文件 ……………………………………………………………………… 2
3 术语和定义 …………………………………………………………………………… 3
4 总体要求 ……………………………………………………………………………… 4
5 土建工程基本条件 …………………………………………………………………… 6
　5.1 线路 ……………………………………………………………………………… 6
　5.2 轨道 ……………………………………………………………………………… 6
　5.3 车站建筑 ………………………………………………………………………… 7
　5.4 区间结构 ………………………………………………………………………… 7
　5.5 车辆基地 ………………………………………………………………………… 8
6 车辆基本条件 ………………………………………………………………………… 9
7 系统设备基本条件 …………………………………………………………………… 10
　7.1 一般要求 ………………………………………………………………………… 10
　7.2 供电系统 ………………………………………………………………………… 10
　7.3 信号系统 ………………………………………………………………………… 11
　7.4 通信系统 ………………………………………………………………………… 12
　7.5 自动售检票系统 ………………………………………………………………… 12
　7.6 火灾自动报警系统 ……………………………………………………………… 13
　7.7 环境与设备监控系统 …………………………………………………………… 14
　7.8 通风、空调系统 ………………………………………………………………… 14
　7.9 消防及给排水系统 ……………………………………………………………… 15
　7.10 电梯、自动扶梯和自动人行道 ……………………………………………… 15
　7.11 站台门系统 …………………………………………………………………… 16
　7.12 磁浮道岔 ……………………………………………………………………… 17
8 人员基本条件 ………………………………………………………………………… 18
　8.1 一般要求 ………………………………………………………………………… 18
　8.2 列车驾驶员 ……………………………………………………………………… 18
　8.3 调度员 …………………………………………………………………………… 18
　8.4 车站值班员 ……………………………………………………………………… 19

8.5	车站客运服务人员	19
8.6	轨排、道岔维护人员	19
8.7	磁浮车辆维护人员	19
8.8	其他人员	19

9 运营组织基本条件 ... 21
- 9.1 一般要求 ... 21
- 9.2 规章制度 ... 21
- 9.3 行车组织 ... 21
- 9.4 客运组织 ... 22
- 9.5 地面交通接驳 ... 22
- 9.6 备品备件、工器具与仪表 ... 22

10 应急管理 ... 23
- 10.1 一般要求 ... 23
- 10.2 应急预案 ... 23
- 10.3 应急组织机构 ... 23
- 10.4 应急设备物资 ... 23
- 10.5 应急演练要求 ... 24

附录 A 运营指标计算方法 ... 25
- A.1 列车运行图兑现率 ... 25
- A.2 列车正点率 ... 25
- A.3 列车服务可靠度 ... 26
- A.4 列车退出正线运营故障率 ... 26
- A.5 车辆系统故障率 ... 26
- A.6 信号系统故障率 ... 27
- A.7 供电系统故障率 ... 27
- A.8 站台门故障率 ... 27
- A.9 磁浮道岔故障率 ... 28

Contents

1 **Scope** ··· 1
2 **List of Quoted Standards** ··· 2
3 **Terms and Definitions** ··· 3
4 **General Provisions** ··· 4
5 **Basic Conditions of Civil Engineering** ·· 6
    5.1 Line Engineering ·· 6
    5.2 Track Engineering ·· 6
    5.3 Station Building ··· 7
    5.4 Interval Structural Engineering ·· 7
    5.5 Vehicle base ·· 8
6 **Vehicle Basic Conditions** ·· 9
7 **System Basic Conditions** ·· 10
    7.1 General Requirements ·· 10
    7.2 Power Supply System ·· 10
    7.3 Signal System ·· 11
    7.4 Communication System ·· 12
    7.5 Automatic Fare Collection System ·· 12
    7.6 Automatic Fire Alarm System ·· 13
    7.7 Building Automatic System ·· 14
    7.8 Ventilationing, Air Conditioning Systems ·· 14
    7.9 Fire Protection and Water Supply and Drainage Systems ································ 15
    7.10 Elevator, Escalator and Autowalk ··· 15
    7.11 Platform Edge Door System ·· 16
    7.12 Maglev Turnout ·· 17
8 **Basic Conditions of Personnel** ··· 18
    8.1 General Requirements ·· 18
    8.2 Train Driver ··· 18
    8.3 Dispatcher ··· 18
    8.4 Station Administrator ·· 19

8.5 Passenger Service Personnel 19
8.6 Transport Rail and Turnout Maintenance Personnel 19
8.7 Maglev Vehicle Maintenance Personnel 19
8.8 Other Personnel 19

9 Basic Conditions of the Operating Organization 21
9.1 General Requirements 21
9.2 Rules and Regulations 21
9.3 Operation Organization 21
9.4 Passenger Transport Operation 22
9.5 Passenger Transport Interchange 22
9.6 Spare Parts, Tools and Instruments 22

10 Emergency Management 23
10.1 General Requirements 23
10.2 Emergency Plan 23
10.3 Emergency Organization 23
10.4 Emergency Equipment Supplies 23
10.5 Emergency Drill Requirements 24

Appendix A Calculation Method of Operational Index 25
A.1 Fulfillment Rate of Operation Graph 25
A.2 Punctuality Rate of Train 25
A.3 Service Reliability of Train 26
A.4 Failure Rate of Train Withdrawal 26
A.5 Failure Rate of Vehicle System 26
A.6 Failure Rate of Signal System 27
A.7 Failure Rate of Power System 27
A.8 Failure Rate of Platform Edge Door 27
A.9 Failure Rate of Maglev Turnout 28

1 范围

1.0.1 本标准规定了中低速磁浮交通试运营总体要求，以及土建工程基本条件、车辆基本条件、系统设备基本条件、人员基本条件、运营组织基本条件和应急管理方面的要求，并给出了相关要求的计算方法。

1.0.2 本标准适用于最高运行速度不超过 120km/h 的中低速磁浮交通试运营基本条件评定。

2 规范性引用文件

下列文件中的条款通过本标准的引用而成为本标准的条款。其中，注日期的引用文件，仅注日期的版本适用于本标准；不注日期的引用文件，其最新版本及所有的修改单适用于本标准。

GB 7588　电梯制造与安装安全规范
GB 16899　自动扶梯和自动人行道的制造与安装安全规范
GB 50116　火灾自动报警系统设计规范
GB 50016—2018　建筑设计防火规范
GB 50157　地铁设计规范
GB 50174　数据中心设计规范
GB 50382　城市轨道交通通信工程质量验收规范
GB 50490　城市轨道交通技术规范
GB/T 20907　城市轨道交通自动售检票系统技术条件
GB/T 30012—2013　城市轨道交通运营管理规范
GB/T 50065　交流电气装置的接地设计规范
GB/T 12758　城市轨道交通信号系统通用技术条件
GB/T 16275　城市轨道交通照明
GB/T 50312　综合布线系统工程验收规范
GB/T 50381—2018　城市轨道交通自动售检票系统工程质量验收标准
CJJ/T 262—2017　中低速磁浮交通设计规范
CJ/T 375—2011　中低速磁浮交通车辆通用设备技术条件
CJ/T 412—2012　中低速磁浮交通道岔系统设备技术条件
Q/CRCC 32803　中国铁建股份有限公司企业标准中低速磁浮交通设计规范
Q/CRCC 33805　中国铁建股份有限公司企业标准中低速磁浮交通接触轨系统技术标准

3 术语和定义

3.0.1 中低速磁浮交通 medium and low speed maglev transit
采用直线异步电机驱动，定子设在车辆上的常导磁浮轨道交通。

3.0.2 试运行 trial running
中低速磁浮交通工程综合试验成功，系统联调结束，通过不载客列车运行，对运营组织管理和设施设备系统的可用性、安全性和可靠性进行检验。

3.0.3 试运营 trial operation
中低速磁浮交通工程所有设施设备验收合格，整体系统可用性、安全性和可靠性经过试运行检验合格后，在正式运营前所从事的载客运营活动。

3.0.4 运营单位 operation company
经营中低速磁浮交通运营业务的企业。

3.0.5 F型导轨 F type rail
一种承受磁浮车辆悬浮力、导向力及牵引力的基础构件，由F型钢和感应板组成。

3.0.6 轨排 track panel
由F型导轨、轨枕、连接件及紧固件等组成，是中低速磁浮交通线路的基本单元。

3.0.7 中低速磁浮道岔 turnout for medium and low speed maglev transit
中低速磁浮交通线路的转线设备，由主体结构、驱动、锁定、控制等部分组成。其主体结构梁由三段钢结构梁构成，每段钢结构梁依次围绕三个实际点旋转实现转线。按照结构组成和功能状态，中低速磁浮道岔可分为单开道岔、对开道岔、三开道岔、多开道岔、单渡线道岔和交叉渡线道岔。

4 总体要求

4.0.1 中低速磁浮交通运营单位应按有关规定取得相应的经营许可。

4.0.2 中低速磁浮交通建设工程完成后，工程初步验收合格，影响运营安全以及重要客运服务的问题应整改完成。

4.0.3 试运营前应取得如下文件：
1　规划、建设批复文件。有关主管部门对中低速磁浮交通工程出具的规划、立项、工程可行性研究及工程设计、工程建设的批复文件以及重大设计变更批复相关文件。
2　工程用地和建设许可文件。有关主管部门对中低速磁浮交通工程出具的用地许可文件、建设用地规划许可证、建设工程规划许可证和施工许可证等。
3　工程质量验收文件。建设工程质量监督部门对土建工程、机电系统安装出具的质量验收文件。
4　行车及服务设备质量验收文件。有关部门对行车及服务设备出具的质量验收文件。
5　特种设备质量验收文件。质量技术监督主管部门对投入运营的特种设备出具的验收合格文件。
6　安全检查文件。安全生产监督主管部门对中低速磁浮交通工程安全设施设备出具的检查、备案文件。
7　人防工程验收文件。人民防空主管部门对中低速磁浮交通工程出具的人防工程验收文件。
8　卫生评价文件。相应主管部门对中低速磁浮交通工程出具或认可的卫生评价文件。
9　环保验收文件。环境保护主管部门对中低速磁浮交通工程出具的环保验收文件。
10　防雷接地验收文件。住房和城乡建设主管部门对中低速磁浮交通工程防雷装置等设施出具的验收文件。
11　信号系统第三方安全评估文件。
12　票价批复文件。价格主管部门对中低速磁浮交通票价方案出具的批复文件。
13　档案批复文件。档案主管部门对中低速磁浮交通工程档案验收出具的批复文件。
14　初期运营前安全评估文件。磁浮交通运营主管部门组织第三方安全评估机构对中低速磁浮交通工程出具的初期运营前安全评估报告。

15 其他批复文件。有关主管部门依据有关法规对中低速磁浮交通工程出具的其他批复文件。

4.0.4 建设单位应将中低速磁浮交通工程作为整体向运营单位进行移交，工程移交内容包括工程实体、设备、随机附件、备品备件、竣工档案和保护区平面图等，同时进行指挥权、管理权、使用权的移交。

4.0.5 组织试运行的单位应提供中低速磁浮交通试运行的情况报告，包括试运行基本情况、设施设备可靠性和故障率情况等。

4.0.6 试运行时间不得少于3个月，试运行最后20日应按照试运营开通时的列车运行图行车。

4.0.7 试运行最后20日，运营指标应达到以下要求，指标可按附录A计算。
1 列车运行图兑现率：不应低于98.5%。
2 列车正点率：不应低于98%。
3 列车服务可靠度：全部列车总行车里程与发生5min以上延误次数之比不应低于2.5万列千米/次。
4 列车退出正线运营故障率：不应高于0.5次/万列千米。
5 车辆系统故障率：因车辆故障造成2min以上晚点事件次数应低于5次/万列千米。
6 信号系统故障率：不应高于1次/万列千米。
   注：信号系统故障，即列车无法以自动防护模式运行、部分区段无速度码或发生道岔失去表示的情况。
7 供电系统故障率：不应高于0.2次/万列千米。
   注：供电系统故障，即造成部分区段失电或单边供电的供电故障。
8 站台门故障率：不应高于1次/万次。
9 磁浮道岔故障率：不应高于1次/万列千米。

4.0.8 设施、设备应无侵限现象。区间、车站和车辆基地轨行区的建（构）筑物、设备和管线的限界应符合 GB 50157、GB 50490 和 CJJ/T 262 的规定。

5 土建工程基本条件

5.1 线路

5.1.1 磁浮交通试运营前，线路平面位置上应设置百米标、坡度标、曲线要素标、平面曲线起终点标、竖曲线起终点标、道岔编号标、站名标、桥号标和水位标等显示线路自身特征的标志。

5.1.2 全线车站、区间及车辆基地均应设置限速标、停车标等控制性信号标志、标线；标志应清晰，安装应牢固。

5.1.3 磁浮交通线路下穿其他交通设施时，应设置安全防护设施，防止上方异物侵入；磁浮交通线路与其他交通设施相邻且建于同一平面时，应在线路两侧设置安全防护设施和防侵入设施。

5.1.4 试运营前，应对全线设置的尚未使用的道岔、车挡等设施采取切实可行的安全防护措施。

5.2 轨道

5.2.1 轨排、扣件、承轨台、轨排接头等应符合 CJJ/T 262 和 Q/CRCC 32803 的规定。

5.2.2 轨道工程尽端应按照 GB 50490、CJJ/T 262 和 Q/CRCC 32803 的规定设置车挡。

5.2.3 轨道工程防雷接地设置应可靠连接。防雷接地应具有对地电阻的测试报告。

5.2.4 轨排应提供轨排静载试验报告。轨排铺设后，应提供轨道整理与复测的技术资料。

5.2.5 轨排应设置铭牌和编号，编号位置应便于观察，铭牌应清晰。

5.3 车站建筑

5.3.1 车站建筑投入试运营的各部位相关土建工程及装修工程应满足 CJJ/T 262 以及国家相关规范规定。

5.3.2 车站安全警示标识、导向指引标识应安装牢固，标识内容应简洁、清晰，标识位置应醒目且便于识别，各标识之间应避免视线互相遮挡。

5.3.3 车站站台门、栏杆、玻璃栏板、防撞踢脚等安全防护设施应无死角，且安装牢固可靠。

5.3.4 车站消防疏散指示标识、防火卷帘、防火门、挡烟垂壁等消防设施应安装完毕，且功能良好。室内消防疏散通道和室外消防车道应无障碍物阻挡，确保畅通。

5.3.5 车站出入口与周边道路、广场、停车场等市政设施应保持贯通。车站应具有不少于2个不同方向、满足消防疏散功能的直通地面出入口，并投入使用。

5.3.6 车站无障碍设施应安装完毕，符合相关标准，且功能完好。

5.3.7 车站轨行区构筑物、设备和管线不能侵入限界。

5.3.8 车站轨行区与其他区域应确保物理隔离。

5.3.9 车站各检修孔、检修爬梯等检修设施应安装完毕，且功能完好，确保检修通道畅通。

5.3.10 车站各防水、排水设施应施工完毕，且功能完好。

5.3.11 车站轨行区相邻区域二次结构应安装牢固可靠，防止掉落影响行车安全。

5.3.12 车站应明示禁入区域，并设有阻挡外界人、物进入的防范设施。

5.4 区间结构

5.4.1 区间隧道、桥梁、低置路基和变电所等结构工程应符合 GB 50157 和 GB 50490 的规定。

5.4.2 运营单位应建立全线结构工程的沉降观测系统，定期对结构物的沉降进行检测。试运营前，沉降观测数据应符合相关规定。

5.4.3 试运营前，所有区间结构应利用防护栅栏进行封闭，桥梁只需封闭桥台，桥梁净空小于 2.5m 的地段还应设置防护栅栏进行封闭。

5.4.4 高架区间上跨道路，净空高度不大于 5.5m 时，应有限高标志和限高防护架。

5.4.5 高架区间应沿线路合理布置疏散平台和下桥通道，疏散通道应贯通连接，下桥通道应与市政道路连通良好，方便旅客疏散和运营维修。

5.4.6 试运营前，轨道梁上所有金属物体均应固定牢靠，细小金属零件和颗粒应清扫干净，梁面应整洁。

5.4.7 区间所有结构工程应符合消防、环保、抗震、防雷和防淹等要求。

5.5 车辆基地

5.5.1 车辆基地周围限界应设置围蔽设施；试车线与周边建（构）筑物之间，应设有隔离设施；车辆基地有电区和无电区之间应设有隔离设施；库内车顶作业平台两侧应设置安全防护设施；车顶作业面上方宜设置安全防护设施。车辆基地道路及照明设备齐全并正常投入使用。

5.5.2 车辆基地应具备配属列车停放和调试的条件；车辆基地应根据试运营阶段的需要配备必要的设备、材料、抢修和救援器材以及存放设施。

5.5.3 车辆基地内雨水排放系统、生产和生活给排水系统应正常投入使用。

5.5.4 安全文明生产标志标牌应安装到位。

5.5.5 洗车机、悬浮架维护设备等车辆配属设备应能正常投入使用。

5.5.6 在寒冷地区，车辆基地应具备车辆存放的供暖条件。

5.5.7 车辆基地的起重设备、电梯和压力容器等特种设备应完成安装、调试，并通过验收。

6 车辆基本条件

6.0.1 中低速磁浮车辆应符合 CJ/T 375 的规定。

6.0.2 车辆投入使用前，应按国家现行相关标准对车辆进行试验和测试，并提交试验和测试报告，满足合同要求，对于试验中发现的影响行车安全和客运服务的车辆问题应完成整改。

6.0.3 所有批量生产的中低速磁浮车辆首列车均要进行型式试验。

6.0.4 型式试验内容至少应包括列车悬浮性能试验、列车牵引性能试验、列车制动性能试验、列车控制系统功能试验、车辆及列车网络试验、电磁兼容性试验和列车供电试验。

6.0.5 对于投入批量生产的车辆及其各种设备和部件，应全部进行例行试验，并提供相应的试验报告。

6.0.6 正式提交验收的车辆应有产品合格证书、型式试验报告、例行试验报告、使用维护说明书和车辆履历簿等。

6.0.7 投入运营的列车安全标志、引导标志应设置齐全，广播设施、无障碍设施和消防灭火设施等应配置到位。

6.0.8 列车投入运营前，宜对每列车进行不同载荷状况下的能力测试。

6.0.9 进行型式试验的车辆，车辆试运行里程不宜低于 5000km。

6.0.10 试运行期间，各列车累计在线运行里程不应少于 2000 列千米。

7 系统设备基本条件

7.1 一般要求

7.1.1 系统设备包括供电系统、信号系统、通信系统、自动售检票系统、火灾自动报警系统、环境与设备监控系统、通风系统、空调系统、消防及给排水系统、电梯、自动扶梯以及站台门等。运营单位应建立以上系统设备的台账，包括设备名称、数量、分布地点、接收时间、预计使用寿命和备品备件清单等内容。

7.1.2 各系统设备应通过单体调试、系统调试、综合联调，且验收合格，同时运营单位应提供相应测试报告和验收报告。

7.2 供电系统

7.2.1 变电所应由两路独立可靠的电源供电，变电所数量应满足负载需要。一级负荷应确保由双电源双回路供电，当一路电源发生故障时，另一路电源不应同时受到损伤。当有外电源点退出时，相邻外电源点跨区供电仍能满足负载要求。

7.2.2 供电能力应满足运营高峰小时的用电负荷需求。

7.2.3 变电所内设备、电力监控系统、动力照明系统、接地装置和供电电缆等各类设备和器材的材料、规格及功能应满足 GB 50157 和 GB 50490 的要求。

7.2.4 运营单位应设有电力监控系统。电力监控系统应具备对全线供电系统设备的遥控、遥信、遥测功能。

7.2.5 直流系统设备安装绝缘良好，接地漏电保护装置功能完善。

7.2.6 应完成主要电气元件、开关的整定值校核。

7.2.7 供电系统与城市电网的管理分界处应设有隔离开关或断路器。

7.2.8 交流电气设备的接地、变电所接地装置的接触电压和跨步电压应符合 GB/T 50065 的规定。

7.2.9 车站照明系统应符合 GB/T 16275 的规定，且验收合格，同时运营单位应提供相应测试报告和验收报告。

7.2.10 接地、安全标志应齐全、清晰，安全工具试验合格并配置到位。电缆孔洞应封堵并安装防鼠板，电缆应悬挂走向标识牌。

7.2.11 变电所应整洁，电缆沟及电缆通道内应清洁、无杂物。变电所外部应满足防火要求，并具备巡视和检修条件。

7.2.12 应按 Q/CRCC 33805 中的要求对接触轨完成设备验收、冷滑和热滑试验，提供现场试验报告并验收合格。

7.2.13 宜对电力监控系统进行 144h 测试，并提供测试报告。

7.3 信号系统

7.3.1 信号系统应完成在运营控制中心、车站、车辆基地的信号设备的安装、调试，以及车载、轨旁信号设备的安装、调试，应完成竣工验收，验收不合格项应整改。

7.3.2 信号系统应具备列车自动防护功能、运营控制中心和车站的列车自动监控功能，宜具备列车自动驾驶功能，并满足 GB/T 30012 的要求。

7.3.3 信号系统应有完整的测试报告，并有由具备相应资质的安全认证机构出具的安全认证证书和安全评估报告；对证书的限制项，应制订安全防护措施。

7.3.4 设置站台门的车站，信号系统应具备列车车门与站台门系统的联动功能。

7.3.5 信号设备机房的温度、湿度和防电磁干扰，应满足 GB/T 12758 的要求，并提供防电磁干扰报告。

7.3.6 信号系统宜进行 144h 测试，并提供测试报告。

7.4 通信系统

7.4.1 通信系统应符合 GB 50490、GB 50382 和 CJJ/T 262 的规定。公务电话应实现路网内各线路间互通，并与市话互联互通。

7.4.2 传输系统的语音、文字、数据和图像等各种信息的数据传输功能以及告警、网管和保护功能应符合 GB 50490 的规定。

7.4.3 时钟系统应实现母钟、子钟各项功能和网络管理功能，并能够向相关设备系统发送时间信号。

7.4.4 视频监视系统应提供有关列车运行、防灾救灾和乘客疏导等方面的视觉信息，并为车站、运营控制中心、车辆基地等区域提供治安技术支持手段，保障磁浮交通安全。系统应进行不间断录像，且录像资料应至少保存 90d。

7.4.5 通信系统应按一级负荷供电。通信电源应具有集中监控管理功能，并应保证通信设备不间断、无瞬变地供电，通信电源的后备供电时间不应少于 2h。

7.4.6 通信设备机房的温度、湿度和防电磁干扰，应满足 GB 50174 的要求。

7.4.7 在应急情况下，通信系统应能保持正常的通信功能。

7.4.8 换乘站应实现直通电话互联互通，宜实现视频监视图像互联互通。

7.4.9 通信系统宜进行 144h 测试，并提供测试报告。

7.5 自动售检票系统

7.5.1 试运营前应确保自动售检票系统设备配置和功能满足 GB/T 50381、CJJ/T 262 相关要求。

7.5.2 自动售检票系统机房、配线间、电源室等设备用房，设备及设备安装支座支架、机柜、桥架、管线、线缆等，应按国家和行业有关标准和规范的要求，完成防静电、接地、等电位连接、防雷、电磁屏蔽等工程，并完成相关测试验收工作。

7.5.3 自动售检票系统应实现正常售票、退票、补票、检票、取票、充值、验票、结账、管理、统计、清分对账和互联网支付等各项功能，并达到相应性能、技术标准和系统安全等要求。

7.5.4 自动售检票系统与各内、外部系统的接口应运行正常，能准确接收、发送、交换、存储有关信息和数据。

7.5.5 系统内部局域网测点抽样的合格率不应小于99%，并满足GB/T 50312有关要求。

7.5.6 清分系统、线路计算机系统和车站计算机系统应符合GB/T 20907、GB/T 50381有关规定，并满足信息安全等级保护相关要求。

7.5.7 车票、售票机、闸机及相关配套设备应符合GB/T 20907、GB/T 50381有关规定。

7.5.8 新建自动售检票系统应实现与既有运营线路的互联互通，并完成对既有运营线路系统的乘客服务界面、参数和报表等的升级工作，确保既有系统与新建系统的功能、性能满足工程设计和运营管理要求。

7.5.9 闸机应具有通道断电释放、手动释放等紧急疏散功能，并通过紧急疏散测试和有关应急演练。

7.5.10 自动售检票系统宜进行144h测试，并提供测试报告。

7.6 火灾自动报警系统

7.6.1 车站、区间隧道、区间系统设备用房、变电所或开闭所、集中冷站、运营控制中心和车辆基地，应设置火灾自动报警系统。系统设置应符合GB 50116、GB 50490及CJJ/T 262等相关规范的规定及设计要求。

7.6.2 火灾自动报警系统报警主机、各种探测设备和联动设备等，应合理布局、安装牢固、符合设计要求，并验收合格。

7.6.3 火灾自动报警系统应设中心级、车站两级调度管理，并具备中心级、车站、就地三级监控的功能。

7.6.4 火灾自动报警系统在满足单体调试、系统调试的基础上，应与环境与设备监控、给排水、供电、自动售检票及电梯等相关系统进行联合调试，并验收合格。

7.6.5 火灾自动报警系统应验收合格，并经过 144h 不间断运行测试。

7.7 环境与设备监控系统

7.7.1 环境与设备监控系统应符合设计要求及 GB 50490、CJJ/T 262 等相关规范的规定。

7.7.2 环境与设备监控系统应完成现场控制器、车站控制室和运营控制中心机电设备监控系统设备的安装及单体调试，符合设计要求，并验收合格。

7.7.3 环境与设备监控系统各种压力传感器、温度和湿度传感器、压差传感器及电量传感器、空气质量传感器等设备应布局合理、安装牢固、符合设计要求，并验收合格。

7.7.4 环境与设备监控系统应具备对车站及地下区间环控系统、给排水系统、照明系统、自动扶梯、电梯、站台门、防淹门、防护隔断门和防护密闭门等监控的功能。

7.7.5 环境与设备监控系统应确保运营控制中心、车站控制室和现场控制器的监控信息传递无误，联动准确。

7.7.6 环境与设备监控系统应具备正常运行模式和灾害运行模式的功能，完成功能调试，并验收合格。

7.7.7 环境与设备监控系统与火灾自动报警系统的联动功能应通过相关部门或单位验收，并进行 144h 不间断运行测试，提供测试合格报告。

7.8 通风、空调系统

7.8.1 通风、空调系统应符合 GB 50490 的规定。

7.8.2 通风、空调系统应按照国家现行有关验收规范的要求进行单机试运转、联合运转及调试，并验收合格；通风管路和风道内杂物应清理完成。

7.8.3 电气设备上方不宜布置空调系统冷凝管道及送风口；对于布置在电气设备上方的，应加装防护措施。

7.8.4 冷却塔、多联空调的室外机地面应完成硬化，且周边安装安全防护栏。室外机排水应接入市政排水系统。

7.9 消防及给排水系统

7.9.1 消防及给排水系统应符合 GB 50016 和 GB 50490 的相关规定。

7.9.2 车辆基地、运营控制中心和车站等区域应按规定配置消防设备及灭火器，并设置消防安全标志。

7.9.3 寒冷地区的消防及给排水系统应采取保温措施，确保系统在防寒期内可正常使用。

7.9.4 给水系统应符合设计要求。水源应可靠，水量、水质和水压应满足生产、生活用水要求；给水管道及相关设施应经调试并验收合格。

7.9.5 车辆基地、运营控制中心和车站等区域生活用水应具有水质检测合格报告。

7.9.6 排水系统应符合设计要求。排水管道及设施应经调试并验收合格；车辆基地、运营控制中心、车站、区间泵房、风亭和各类集水池的杂物应清理完成。

7.9.7 气体灭火储气钢瓶及其他压力容器应具有使用许可证或产品合格证，其使用应符合国家现行气瓶安全和压力容器的相关安全规定。

7.9.8 气体灭火储气钢瓶及其他压力容器宜设在专用储存间内，储气瓶或压力容器上应设耐久的固定铭牌。

7.10 电梯、自动扶梯和自动人行道

7.10.1 电梯应符合 GB 7588 的相关规定，自动扶梯和自动人行道应符合 GB 16899 的相关规定，自动扶梯还应符合 GB 50490 的相关规定。

7.10.2 应在确保自动扶梯上没有乘客的前提下，才允许停止正在正常运行的自动扶梯。

7.10.3 电梯、自动扶梯和自动人行道应通过调试和安全测试，获得安全检验合格证，并获得当地质监部门安全检验合格证。

7.10.4 自动扶梯交叉或自动扶梯与楼梯板交叉时，扶手带上方应设置防护挡板；当自动扶梯扶手带转向端入口处与地板形成的空间内加装语音提示或其他装置时，不应形成可能夹、卡乘客的三角空间；自动扶梯紧急停止按钮应具有防误操作的保护措施。

7.10.5 电梯、自动扶梯与自动人行道应具有明显的安全警示和使用标志。应加强警示宣传，防止乘客误操作。

7.10.6 两台并列布置的自动扶梯入口处应设导向栏杆，引导乘客安全乘梯。

7.10.7 车站出入口至站厅、站厅至站台的自动扶梯应全部建成且验收合格。至少应各有一台投入空载试运行，且至少保证15天的稳定性试运行，且系统功能运行正常。

7.10.8 自动扶梯基坑及电梯基坑坑内不应有影响电梯安全运行的积水；基坑内排水设施应具备使用条件，不应有影响电梯安全运行的漏水、渗水。

7.10.9 试运营前应完成电梯井道、巷道内杂物和易燃物的清理。

7.11 站台门系统

7.11.1 站台门系统应符合 GB 50490 的相关规定，站台门门体钢结构、玻璃等的材质、限界及高度均应符合设计要求。

7.11.2 站台门系统试运营前，应对站台门进行连续开关5000次测试，并提供测试合格报告。

7.11.3 站台门系统接地绝缘应等电位连接，并提供站台门本体绝缘检测报告。

7.11.4 车站控制室和控制中心具有站台门故障信息显示、运行状态和报警功能。

7.11.5 站台门端门与设备房墙壁的连接应符合站台门绝缘要求。

7.11.6 站台门相邻门槛应接口平整，门槛与立柱周边间隙均匀，外观保护良好。

7.11.7 站台门的障碍物探测功能应符合设计要求。

7.11.8 站台门系统后备电源应能安全运行。

7.11.9 站台门应具有明显的安全警示和使用标志，还应加强警示宣传。

7.11.10 应急门、端门应能向站台侧旋转90°平开，打开过程不受地面及其他障碍物的影响。

7.12 磁浮道岔

7.12.1 道岔等应符合 CJJ/T 262 和 Q/CRCC 32803 的相关规定。

7.12.2 道岔防雷接地设置应可靠连接。防雷接地应具有对地电阻的测试报告。

7.12.3 道岔应设置铭牌和编号，编号位置应便于观察，铭牌应清晰。

7.12.4 道岔安装标准应符合 CJ/T 412 和设备采购技术条件的相关要求。

7.12.5 试运营前应对道岔的转动进行就地单动控制、就地联动控制、集中控制测试，并提供完整的道岔相关测试报告。就地单动控制测试次数不应小于50次，就地联动控制和集中控制测试次数不应小于100次，不应出现控制失效、信息反馈错误、转动卡阻、异常响动等现象。

7.12.6 试运营前应检查道岔平台排水设施，确保道岔平台及周边排水畅通、防冻措施到位，避免道岔区积水、冻结。

7.12.7 道岔电控柜等周边设备布置应满足限界要求，符合道岔的日常维护检修要求，还应满足道岔应急处置要求。

7.12.8 道岔设备电缆敷设应安全可靠、规范美观，并且维护方便；电缆与设备的连接应牢固可靠、防水严密。

8 人员基本条件

8.1 一般要求

8.1.1 运营单位应建立健全运营组织机构，合理设置岗位，保证人员到位，满足运营要求。

8.1.2 列车驾驶员、调度员、车站值班员和系统操作维护人员应具备相关知识、技能以及高度的岗位责任心，并通过身体健康检查。重点岗位人员应通过安全背景审查。

8.1.3 各岗位人员应根据岗位工作要求，通过培训和考核，并取得相应岗位资格证。

8.1.4 运营单位应制订各岗位培训大纲，明确培训内容、培训时间、考核等要求。

8.2 列车驾驶员

8.2.1 列车驾驶员应经过系统岗位培训，在培训期间，应进行车辆故障、火灾、停电等险情的模拟操作；在经验丰富的驾驶员的指导和监督下驾驶，驾驶里程不得少于5000km，其中本线不少于1000km。

8.2.2 列车驾驶员应熟悉试运营线路。

8.3 调度员

8.3.1 调度员应经过系统岗位培训，理论和实操培训的内容和时间均应符合相应岗位培训大纲的要求。

8.3.2 调度主任应由经验丰富的调度员担任；调度主任应经过系统岗位培训，具有行车调度岗位工作经验，熟悉电力、环控等工作内容和流程。

8.4 车站值班员

8.4.1 车站值班员应经过行车管理、施工管理、客运管理、票务处理和应急处置等系统培训。

8.5 车站客运服务人员

8.5.1 车站客运服务人员应经过客运服务、票务处理和应急处置等系统培训教育，掌握岗位技能。

8.6 轨排、道岔维护人员

8.6.1 轨排、道岔维护人员应包括机械维护人员和电气维护人员。

8.6.2 轨排、道岔维护人员应对轨排、道岔的结构、原理知识有一定的了解，并具备轨排、道岔的安装、测量和调试等技能。

8.7 磁浮车辆维护人员

8.7.1 设备维修人员应具有相关专业工作技能，熟悉岗位操作流程和工作要求。

8.7.2 负责车辆维修的人员应接受关于车辆构造、电气设备、专业工具使用及维修规程等内容的培训。车辆维修电工应持有低压电工操作证后方可上岗。

8.7.3 负责车辆维修的人员应能够熟练掌握关于磁浮特种检修设备性能的知识，并能对检修设备进行简单的维护保养。

8.8 其他人员

8.8.1 其他人员主要包括工程车驾驶员、特种设备作业人员、车辆基地调度员、设备维修维护及操作人员等。

8.8.2 工程车驾驶员应接受关于调车作业、工程施工作业、应急供电作业以及限界检测等内容的培训。

8.8.3 驾驶列车、操作信号系统或重要设备及办理行车作业的实习人员，应在专职指导人员的监督下进行实际操作。

8.8.4 特种设备作业人员应参加专业培训并取得相关部门颁发的特种设备作业人员证，持证上岗。

8.8.5 设备维修人员应具有相关专业工作技能，熟悉岗位操作流程和工作要求。

8.8.6 负责供电系统维修的人员应接受关于安全作业、设备巡视、电力倒闸操作、接触轨维护、电力监控系统维护操作以及应急处置等内容的培训。供电系统维修人员应持有高压电工操作证后方可上岗。

8.8.7 负责通信系统维修的人员应接受关于传输系统、电话系统、无线通信、时钟系统、视频监控系统、广播系统、乘客信息服务系统、光缆和电缆等维修规程、信息安全、仪器仪表使用以及应急处置等内容的培训。

8.8.8 负责信号系统维修的人员应接受关于列车自动控制系统、车载设备和轨旁设备维护、专用仪器仪表使用及应急处置等内容的培训。

8.8.9 负责机电系统维修的人员应接受关于环境与设备监控系统、火灾自动报警系统、站台门设施、电梯、自动扶梯和售检票等设备的操作规范和应急处置等内容的培训。机电系统维修人员应持有低压电工操作证后方可上岗。

9 运营组织基本条件

9.1 一般要求

9.1.1 试运营前应完成相关试运营测试检验。试运营基本条件评估单位宜对磁浮车辆、道岔、信号系统、供电系统和火灾报警系统等测试检验进行抽查检验，必要时复验。

9.1.2 试运营验收合格后方可进行试运营评审，评审通过方可投入试运营。未进行试运营验收或验收不合格，不得进行试运营。

9.2 规章制度

9.2.1 运营单位应建立以安全生产责任制为核心的安全管理制度。

9.2.2 运营单位应制订行车管理办法、车辆基地及车站行车工作细则、调度工作规程和检修施工管理办法等。

9.2.3 运营单位应制订客运服务质量标准、客运服务工作规范和票务管理办法等。

9.2.4 运营单位应制订各专业系统设备的运行规程、检修规程、设备维护管理办法、质量管理办法和检修管理制度等。

9.2.5 运营单位应制订各专业系统设备的操作手册、列车驾驶员操作手册和故障处理指南等。

9.2.6 运营单位应制订火灾、爆炸和列车故障等突发事件的应急预案，制订事故处理流程、乘客服务信息应急发布、乘客伤亡事故处置和运营事故调查处理等制度。

9.3 行车组织

9.3.1 运营单位应按设计配属车辆标准，结合列车采购、列车车载信号调试等情况编制车辆配属方案，试运营所需的运用车、检修车和备用车等应到位。

9.3.2 运营单位应组织开展拟开通试运营线路的客流预测，制订相应的行车组织方案。

9.4 客运组织

9.4.1 运营单位应根据列车运行图、车站设备设施和人员配置情况等编制客运组织方案。

9.4.2 运营单位应做好试运营的宣传工作。

9.4.3 运营单位应做好乘客进、出站和上、下列车的引导工作。

9.4.4 运营单位应进行大客流车站楼梯、通道、扶梯 6min 内疏散至安全区域的通过能力模拟测试，并提供测试报告。

9.5 地面交通接驳

9.5.1 应制订城市公交接驳方案，经由当地交通运输行业主管部门认可。

9.5.2 在各车站出入口附近，宜配套设置停车位、出租车停靠站和自行车存放点等。

9.5.3 在各车站出入口 500m 范围内的公交车站和主要路段等位置，宜设立清晰、醒目的磁浮交通车站指示标志。

9.6 备品备件、工器具与仪表

9.6.1 运营维护所需的各项备品备件、工器具与仪表应基本到位。

9.6.2 备品备件、工器具与仪表宜纳入信息系统，进行计划、采购、仓储、领用等统一调配管理，建立台账，并有专人负责管理。

9.6.3 计量设备应按照规定的周期进行计量检定，并检验合格。

10 应急管理

10.1 一般要求

10.1.1 运营单位应结合磁浮交通技术特点和工程实际情况编制科学、合理的应急预案，建立应急组织机构，配置应急物资，并严格按规定组织应急演练。

10.2 应急预案

10.2.1 应急预案的编制应科学合理，内容完备，针对性和操作性强。

10.2.2 应急预案应满足各级政府应急预案的协同要求，必要时需经专家评审。

10.2.3 应急预案尽可能考虑周全，至少应覆盖以下内容：
  1 运营突发事件应急预案，包括磁浮道岔等设备设施故障、列车故障、轨道或接触轨异物掉落、火灾、站台门或车门夹人、突发大客流和网络安全事件等事件的应急预案。
  2 自然灾害应急预案，包括地震、台风、雨涝、冰雪灾害和地质灾害等灾害的应急预案。
  3 公共卫生事件的应急预案，包括各种突发疫情的应急预案。
  4 社会安全事件应急预案，包括斗殴、纵火、爆炸、投毒和核生化袭击等事件的应急预案。

10.3 应急组织机构

10.3.1 运营单位应建立专职、兼职应急抢险队伍。

10.4 应急设备物资

10.4.1 运营单位应配备应急所需的专业器材和设备。

10.5 应急演练要求

10.5.1 运营单位在试运营前应完成以下应急演练:
1. 磁浮道岔故障处理、手动操作道岔办理进路。
2. 磁浮列车、工程车故障救援。
3. 电话闭塞和大小交路行车等演练。
4. 突发停电事故演练。
5. 车站火灾、爆炸、人质劫持事件等演练。
6. 突发大客流演练。
7. 信号系统故障与抢修演练。
8. 磁浮列车火灾。
9. 站台门、车门夹人事件演练。
10. 区间乘客疏散演练。
11. 轨道或接触轨异物处理演练。

10.5.2 运营单位应开展由相关应急处置部门和相关单位参加的综合应急演练,对应急预案的组织结构、处理流程进行全面检验,提高实战能力。

附录 A 运营指标计算方法

A.1 列车运行图兑现率

A.1.1 定义
统计期内，实际开行列车次数与列车运行图图定开行列车次数之比，实际开行的列车次数中不包括临时加开的列车次数。

A.1.2 计算方法
列车运行图兑现率可按公式 A.1 计算。

$$A = \frac{N_1}{N_4} \times 100\% \tag{A.1}$$

式中：A——列车运行图兑现率；

N_1——实际开行列车次数，即完成列车运行图中规定的列车开行计划的列车数量，单位为列；

N_4——列车运行图图定开行列车次数，即列车运行图中规定的开行列车数量，单位为列。

A.2 列车正点率

A.2.1 定义
统计期内，正点列车次数与实际开行列车次数之比。

A.2.2 计算方法
列车正点率可按公式 A.2 计算。

$$B = \frac{N_3 + N_{11}}{N_1 + N_{11}} \times 100\% \tag{A.2}$$

式中：B——列车正点率；

N_3——正点列车次数，即统计期内，在执行列车运行图过程中，列车终点到站时刻与列车运行图计划到站时刻相比误差小于 2min 的列车次数，单位为列；

N_{11}——加开列次，列车运行图图定之外加开的列次，加开列次均统计为正点。

A.3 列车服务可靠度

A.3.1 定义
统计期内，全部列车总行车里程与 5min 以上延误次数之比，单位为万列千米/次。

A.3.2 计算方法
列车服务可靠度可按公式 A.3 计算。

$$C = \frac{L}{N_5} \quad\quad (A.3)$$

式中：C——列车服务可靠度；
　　　L——全部列车总行车里程，单位为万列千米；
　　　N_5——5min 以上延误次数，单位为次。

A.4 列车退出正线运营故障率

A.4.1 定义
统计期内，列车因发生车辆故障而必须退出正线运营的故障次数与全部列车总行车里程的比值，单位为次/万列千米。

A.4.2 计算方法
列车退出正线运营故障率可按公式 A.4 计算。

$$D = \frac{N_6}{L} \quad\quad (A.4)$$

式中：D——列车退出正线运营故障率；
　　　L——全部列车总行车里程，单位为万列千米；
　　　N_6——导致列车退出正线运营的车辆故障次数，即因发生车辆故障而导致列车必须退出正线运营的故障次数，单位为次。

A.5 车辆系统故障率

A.5.1 定义
统计期内，导致列车运行晚点 2min 及以上的车辆故障次数与全部列车总行车里程的比值，单位为次/万列千米。

A.5.2 计算方法
车辆系统故障率可按公式 A.5 计算。

$$E = \frac{N_2}{L} \tag{A.5}$$

式中：E——车辆系统故障率；
L——全部列车总行车里程，单位为万列公里；
N_2——导致列车晚点 2min 及以上的车辆故障次数，单位为次。

A.6 信号系统故障率

A.6.1 定义

统计期内，信号系统故障次数与全部列车总行车里程的比值，单位为次/万列千米。

A.6.2 计算方法

信号系统故障率可按公式 A.6 计算。

$$F = \frac{N_7}{L} \tag{A.6}$$

式中：F——信号系统故障率；
L——全部列车总行车里程，单位为万列千米；
N_7——信号系统故障次数，单位为次。

A.7 供电系统故障率

A.7.1 定义

统计期内，供电系统故障次数与全部列车总行车里程的比值，单位为次/万列千米。

A.7.2 计算方法

供电系统故障率可按公式 A.7 计算。

$$G = \frac{N_8}{L} \tag{A.7}$$

式中：G——供电系统故障率；
L——全部列车总行车里程，单位为万列千米；
N_8——供电系统故障次数，单位为次。

A.8 站台门故障率

A.8.1 定义

统计期内，站台门故障次数与站台门动作次数的比值。

A.8.2 计算方法

站台门故障率可按公式 A.8 计算。

$$H = \frac{N_9}{N_{10}} \times 100\% \qquad (A.8)$$

式中：H——站台门故障率；

N_9——站台门故障次数；单个站台门无法打开或关闭记为站台门故障 1 次；多个站台门同时无法打开或关闭，故障次数按发生故障的站台门数量累计；单位为次；

N_{10}——站台门动作次数，单个站台门开启并关闭 1 次记为站台门动作 1 次，单位为次。

A.9 磁浮道岔故障率

A.9.1 定义

统计期内，磁浮道岔故障次数与全部列车总行车里程的比值，单位为次/万列千米。

A.9.2 计算方法

磁浮道岔故障率可按公式 A.9 计算。

$$I = \frac{N_{12}}{L} \qquad (A.9)$$

式中：I——磁浮道岔故障率；

L——全部列车总行车里程，单位为万列千米；

N_{12}——磁浮道岔故障次数，包括机械故障和控制系统故障，单位为次。